सोच

वन्दना वाक्श्रीः

notionpress.com

INDIA · SINGAPORE · MALAYSIA

ISBN 979-8-89363-300-9

अंतर्वस्तु

बचपन

आज बच्चों को खेलते देखा
तो,
बचपन याद आ गया।
स्मृति - पटल पर मेरी
दृश्य वह दोहरा गया!

वो मेरी प्यारी गुड़िया,
गुड़िया का ब्याह रचाना।
वो बिस्कुट कूट - कूट कर
खाना -खिलाना और खाना।
बचपन याद आ गया।
स्मृति - पटल पर मेरी
दृश्य वह दोहरा गया!

लुक्का - छिप्पी में छिपना,
ढूँढने के लिए दूसरों को पटाना।
कोई जैसे ही आए नज़र
झट पट उसको थपथपाना।
ठप्पी - ठप्पी के शोर से,
चीखना और चिल्लाना।

फिर सहेलियों को भी
धाम देने के लिए उकसाना।
बचपन याद आ गया।
स्मृति - पटल पर मेरी
दृश्य वह दोहरा गया!

कभी सोचती हूँ कितना प्यारा था वो बचपन।
कभी सोचती हूँ कितना न्यारा था वो बचपन।
न फ़िक्र खाने की न किसी की चिंता
मौज मस्ती में था बस सारा दिन गुजरता।
बचपन याद आ गया।
स्मृति - पटल पर मेरी
दृश्य वह दोहरा गया!

कभी सोचती हूँ कितने प्यारे थे वो दिन।
कभी सोचती हूँ कितने न्यारे थे वो दिन।
पल में रूठ जाते थे जिन यारों से,
फिर मिल खेलते थे उन प्यारों से।

बचपन याद आ गया।
स्मृति - पटल पर मेरी
दृश्य वह दोहरा गया!

झगड़े की वजह न हो तो भी झगड़ते थे
पर, पल में ही मामले बनते - बिगड़ते थे।
मम्मी की डाँट खाते ही चुप हो जाते थे,

झगड़े सारे भूल कर फिर मौज मनाते थे।
बचपन याद आ गया।
स्मृति - पटल पर मेरी
दृश्य वह दोहरा गया!

आज के और बचपन के दिनों में कितना अंतर है।
पहले तो सिर्फ बाहरी था अब तो पहुँचता दर्द अन्दर है।
दोस्त, दोस्त की खातिर हर कसम निभाता था,
अब तो कसम खाकर भी घोपता, वो खंजर है।
बचपन याद आ गया।
स्मृति - पटल पर मेरी
दृश्य वह दोहरा गया!

प्रतीक्षा करो

रात्रि तिमिर के बाद आलोक की प्रतीक्षा करो,
जीवन की सुखों से सिर्फ मत तुम समीक्षा करो।

रजनी के बाद भोर का आना तय है,
हर कार्य को पूरा होने में लगता कुछ समय है।
अपने धैर्य की तुम कुछ कुछ परीक्षा तो दो
रात्रि तिमिर के बाद आलोक की प्रतीक्षा करो॥

निरंतर प्रयासों से अभ्युदय होता संभव है,
यहाँ नहीं कोई कार्य मानव के लिए असंभव है।
हौले हौले मार्ग की तुम अपनी संरचना करो,
रात्रि तिमिर के बाद आलोक की प्रतीक्षा करो॥

हमारे पतन का कारण हममे धैर्य की कमी है,
हर तरफ जल्दी जल्दी की बस होड़ सी लगी है।
अपने हौसलों को बुलंद करने से अब तुम मत डरो,
रात्रि तिमिर के बाद आलोक की प्रतीक्षा करो॥

जल्दी जल्दी के फेर में पतन की ओर उन्मुख हुए हम,
वास्तव में, शायद प्रभु ने बचाया है वक्त कम।
प्रभु के बताए मार्ग पर बस तुम चलते रहो,
रात्रि तिमिर के बाद आलोक की प्रतीक्षा करो॥

अस्तित्व को यदि हम आज भी चाहते हैं बचाना,
मानवता (संस्कारों) के संरक्षण पर ज़ोर होगा अब लगाना।
गलतियों से अपनी सबक लेकर ही तुम आगे बढ़ो।
रात्रि तिमिर के बाद आलोक की प्रतीक्षा करो॥
जीवन की सुखों से सिर्फ मत तुम समीक्षा करो॥

कल्पना

कल्पनाएँ जीवन में उड़ान भर देती हैं।
कल्पनाएँ जीवन को आसान कर देती हैं।

कल्पनाओं की बदौलत आविष्कार का जन्म हुआ,
कल्पनाओं की बदौलत दुख यहाँ कुछ कम हुआ।
कल्पनाएँ ही जीव को नर कर देती हैं,
कल्पनाएँ जीवन में उड़ान भर देती हैं।

कल्पनाओं की तसवीरों को साकार किया उसने,
कल्पनाओं की तसवीरों को आकार दिया उसने।
कल्पनाएँ ही संसार को एक नया रूप देती हैं,
कल्पनाएँ जीवन में उड़ान भर देती हैं।

कल्पनाओं की ये दुनिया बड़ी विचित्र है,
इस दुनिया में सजे कई अद्भुत चित्र हैं।
उन चित्रों में, कल्पना ही रंग कई भर देती है,
कल्पनाएँ जीवन में उड़ान भर देती हैं।

सोचो -

जीवन में यदि कल्पना ना होती तो क्या होता?

जीवन ये हमारा कितना बेरंग होता।

कल्पनाएँ ही तो रात को दिन, दिन को रात कर देती हैं।

कल्पनाएँ जीवन में उड़ान भर देती हैं।

कल्पनाएँ जीवन को आसान कर देती हैं।

असफलताएँ

असफलताओं से मुझे नई प्रेरणा मिली!
विफलताओं से मुझे नई प्रेरणा मिली!

विफलताओं पर विश्वास डगमगाता जरूर है,
उनके आगे झुकने को होता इंसा मजबूर है।
पर, विफलता में ही मुझे गलती मेरी दिखी।
असफलताओं से मुझे नई प्रेरणा मिली!

गिर गिर कर उठने वाले को इंसान कहते हैं,
गलतियों से सीखने वाले को ही तो महान कहते हैं।
जीवन की राह में कली फिर नई खिली।
असफलताओं से मुझे नई प्रेरणा मिली!

सफलता - असफलता मिलकर अनुभव का रूप लेती हैं,
जिंदगी को आगे बढ़ाने का पाठ पढ़ा देती हैं।
कुछ नया कर गुजरने की इच्छा फिर जगी।
असफलताओं से मुझे नई प्रेरणा मिली!

विफलताएँ ही सफलताओं को मूल्यवान बनाती हैं,
'आसान नहीं जीवन की डगर' ये हमें सिखाती हैं।
क्यों जिंदगी यहाँ है निराशाओं से घिरी?
असफलताओं से मुझे नई प्रेरणा मिली!
विफलताओं से मुझे नई प्रेरणा मिली!

सपने

सपने सभी को आते हैं।
अजीब सी दुनिया ये दिखाते हैं॥

सपनों के कई रंग होते हैं।
जिन्हें देखते हम सोते - सोते हैं।
कभी सपनों में हँसते कभी रोते हैं।
पर चैन की नींद ना पाते है॥
सपने सभी को आते हैं।
अजीब सी दुनिया ये दिखते हैं॥

सपनों के संसार की कोई सीमा नहीं है।
पड़ जाती कभी कभी चोटी यह मही है।
दिखने वाली इनमे बात हमेशा होती नहीं सही है।
पर, फिर भी बहुत कुछ सिखा जाते हैं।
सपने सभी को आते हैं।
अजीब सी दुनिया ये दिखते हैं॥

कुछ लोग सपनों को हकीकत बनाना जानते हैं।
'पुरुषार्थ से ही यह संभव है' वे मानते हैं।
नहीं वे कभी भी यहाँ वहाँ खाक छानते हैं।
खुश हो, तराने जीवन के वे गाते हैं।
सपने सभी को आते हैं।
अजीब सी दुनिया ये दिखते हैं।

सपना देखना हमारे तुम्हारे वश में कहाँ?
पर उनसे भागकर भी हम जाएँगे कहाँ?
कर सकते हैं मुट्ठी में अब सारा जहाँ!
इनसे तो जिंदगी के पुराने नाते हैं।
सपने सभी को आते हैं।
अजीब सी दुनिया ये दिखते हैं।

वक्त आ गया है

उठो देशवासियों! उठो भारतवासियों!
नींद से अब जागने का वक्त आ गया है!
उठो देशवासियों! उठो भारतवासियों!
सोते हुओं को जगाने का वक्त अब आ गया है!

तुम युवा ही बन सकते हो भारत की शान!
तुम युवा ही बढ़ा सकते हो भारत का मान!
तुम्हारा जोश ही तो संसार को भा गया है।
नींद से अब जागने का वक्त आ गया है!

रक्त अब लहू बनकर रगों में दौड़ता तुम्हारी है,
माँ के चरणों में शीश चढ़ाने की करनी तैयारी है।
बच्चा बच्चा भारत की वीर गाथा सुना रहा है।
नींद से अब जागने का वक्त आ गया है!

देश को बाँटने वालो को मुँह तोड़ जवाब देना है,
इतिहास के पुराने पन्नों से ही सबक हमें लेना है।
मौका परस्त नेता ही देश की जड़ों को खा गया है।
नींद से अब जागने का वक्त आ गया है!

मनवा लो! दुनिया से अब लोहा अपनी हिम्मत का।
करोगे फैसला तुम ही सिर्फ देश की किस्मत का।
किस्सा तुम्हारी शौहरत का चर्ख पर छा गया है।
नींद से अब जागने का वक्त आ गया है!
उठो देशवासियों! उठो भारतवासियों!
सोते हुओं को जगाने का वक्त अब आ गया है!

चंदा की चाँदनी

चाँदनी रात में चाँद को निहारना अच्छा लगता है।
चाँदनी रात में चाँद को सराहना अच्छा लगता है।

चाँदनी रात में आसमान को
निहार रही थी जब,
मन में उठ रहे थे
कई अजीब सवाल तब।

क्यों चाँद, चाँदनी से इतनी मुहब्बत करता है?
क्यों चाँद, चाँदनी से इतनी गुरबत करता है?
क्यों चाँदनी; चाँद के बिना अधूरी है?
क्यों दोनों के मिलन से ही रात होती पूरी है?

इन सवालों के जवाब उसी दृश्य में छिपे थे।
इन सवालों के जवाब उसी रात में मिले थे।
ईश्वर ने दोनों को इक दूजे का पूरक बनाया है,
दोनों के मिलन से ही रात्रि को सजाया है।

चाँदनी के बिना चाँद का वर्चस्व नहीं होता!
चाँदनी के बिना चाँद का अस्तित्व नहीं होता!

उसकी गरिमा का कहीं भी वर्णन नहीं होता!
उसके सौंदर्य का कभी भी गौरव नहीं होता!

चाँद-चाँदनी मिलकर रात्रि नभ को सजाते हैं;
मुसकुराते हुए दोनों यहाँ प्रेम गीत गाते हैं!
प्रभु के बनाए हुए ये सृष्टि के नाते हैं;
प्रभु के आदेश पर शीश अपना झुकाते हैं।

स्त्री - पुरुष को भी तो प्रभु ने बनाया है,
सृष्टि सृजन के लिए ये सुंदर राग गाया है।
फिर क्यों स्त्री - पुरुष का नाता टूटने लगा है?
फिर क्यों पुरुष स्त्री को सिर्फ लूटने लगा है?

चाँदनी जैसे चाँद की शोभा बढ़ाती है,
स्त्री भी तो पुरुष का जीवन वैसे ही सजाती है।
जीवन के सभी वचनों को वो तो निभाती है,
पुरुष के प्रेम से ही सृष्टि को बनाती है!

क्यों ना स्त्री पुरुष भी चंद्र-चंद्रिका बन जाएँ!
संसार (रात्रि) के जीवन को नभ की तरह सजाएँ!
साथी संग अपने गीत प्रेम का गाएँ!
स्वर्ग के सुखों को भी इस धरा पर ले आएँ!
चाँदनी रात में चाँद को निहारना अच्छा लगता है।
चाँदनी रात में चाँद को सराहना अच्छा लगता है।

मंज़िल अभी दूर है

लंबा बहुत है रास्ता, मंज़िल अभी दूर है,
हालातों के आगे झुककर होना नहीं मजबूर है।
लंबा बहुत है रास्ता, मंज़िल अभी दूर है!

धनुर्धारी अर्जुन के आगे, था इक अनोखा लक्ष्य,
धर्म रक्षा की खातिर लड़ना था उसे इक युद्ध।
भेद - संशयों को मिटा आगे बढ़ने वाला ही शूर है।
लंबा बहुत है रास्ता, मंज़िल अभी दूर है!

निश्चय दृढ़ हो अगर हमारा रास्ते बनते जाते हैं,
बाधाओं के आने पर दुर्बल ही घबराते हैं।
निरंतर चलते जाने पर मिलती मंज़िल जरूर है!
लंबा बहुत है रास्ता, मंज़िल अभी दूर है!

जान की बाजी लगाकर भी देश की रक्षा करेंगे हम,
वतन के दुश्मनों का कर देंगे अब सिर कलम।
बख्शे नहीं जाएँगे वे जिनका भी ये कसूर है!
लंबा बहुत है रास्ता, मंज़िल अभी दूर है!

कठोर यातनाएँ झेली पर माँ को आजाद किया,
शहीदों ने हँसते हँसते रक्त अपना बहा दिया।
ऐसे वीरों के किस्से इतिहास में मशहूर हैं!
लंबा बहुत है रास्ता, मंज़िल अभी दूर है!

इतिहास नया रचने की बारी अब हमारी है,
अनंत को छू लेने की करनी हमें तैयारी है।
आततायियों का घमंड करना अब चूर चूर है!
लंबा बहुत है रास्ता, मंज़िल अभी दूर है!

हालातों के आगे झुककर होना नहीं मजबूर है।
लंबा बहुत है रास्ता, मंज़िल अभी दूर है!

हम सब में भी इक प्रभात है

सूर्य के आलोक से प्रेरित!
व्योम के रक्त से लिखित!
हम सब में भी छिपा इक प्रभात है!

उस प्रभात की रोशनी में आभा अनल - सी है,
उस प्रभात की महक में सुवास पवन - सी है।
उस प्रभात की कभी होती नहीं रात है!
हम सब में भी छिपा इक प्रभात है!

उस प्रभात को पहचानने में समय लगता है,
उस प्रभात के आने से चमन यहाँ खिलता है।
उस प्रभात की प्रभा से चमकता ललाट है!
हम सब में भी छिपा इक प्रभात है!

उस प्रभात से आलोकित दुनिया होकर रहेगी,
उस प्रभात की प्रभा से दुनिया सोकर उठेगी।
उस प्रभात की तो कुछ अलग ही बात है!
हम सब में भी छिपा इक प्रभात है!

उस प्रभात को पहचानने में विलंब अब मत करो,
अंदर से आलोकित हो तुम! तिमिर से अब मत डरो।
अंधकार को अब यहाँ देनी हमें मात है!
हम सब में भी छिपा इक प्रभात है!

सूर्य के आलोक से प्रेरित!
व्योम के रक्त से लिखित!
हम सब में भी छिपा इक प्रभात है!

जीवन की साँझ

आते आते इस सुंदर जीवन की साँझ!
क्यों बन जाता है कुछ के लिए समय यहाँ बाँझ!

सत्य है ये, इस साँझ की सहर नहीं होती,
वास्तव में शीतल जल धार की यह नहर नहीं होती।
संभवत: अधूरे रह जाते हैं जीवन के कुछ काज!

आते आते इस सुंदर जीवन की साँझ!
क्यों बन जाता है कुछ के लिए समय यहाँ बाँझ!

अस्त होते सूर्य का आलोक क्षीण होता दिखता है,
तेल की कमी से दीप कभी जलता कभी बुझता है।
अपनों के अपमान से गिरती है कई बार जीवन पर गाज़!

आते आते इस सुंदर जीवन की साँझ!
क्यों बन जाता है कुछ के लिए समय यहाँ बाँझ!

अनुभवों के धनी मानव का तिरस्कार यहाँ होता है,
जीवन के नैतिक मूल्यों का ह्रास यहाँ होता है।
हृदयों में उनके छिपे हैं जीवन के कुछ गहरे राज़!

आते आते इस सुंदर जीवन की साँझ!
क्यों बन जाता है कुछ के लिए समय यहाँ बाँझ!

विनम्र मेरी प्रार्थना है, बुज़ुर्गों को सम्मान दो तुम!
जिस मान के हकदार हैं वे, उन्हें वो मान दो तुम!
फिर देखो, जीवन में कैसे तुम्हें मिलते हैं सफलताओं के
ताज!

आते आते इस सुंदर जीवन की साँझ!
क्यों बन जाता है कुछ के लिए समय यहाँ बाँझ!

कौन है तू!

अपने को तू ले अब पहचान! हे इंसान!

कौन है तू!

सब कुछ जानकर भी क्यों?

मौन है तू!

अंधविश्वास के दल दल में गिरता,

तू भला अब कैसे संभलता!

अपना भला बुरा न सोच रहा तू,

राहें हो रही हैं तुझसे अब अंजान!

अपने को तू ले अब पहचान! हे इंसान!

कौन है तू!

तुझमे बढ़ रही हैं अमानुषिक प्रवृतियाँ,

सर्वत: पाप ही को देख रहीं हैं दृष्टियाँ!

अलंघनीय सीमाओं को तोड़ रहा है तू,

जाने कब हो गया तू इतना नादान!

अपने को तू ले अब पहचान! हे इंसान!

कौन है तू!

तृष्णाओं का ये घेरा बढ़ रहा है,

स्वार्थ की सीढ़ी पर तू चढ़ रहा है!

छल - कपट व मिथ्या से लिप्त है तू,

रखता नहीं किसी संबंध का तू मान!

अपने को तू ले अब पहचान! हे इंसान!

कौन है तू!

वेद - पुराणों का तू है ज्ञाता,

अपने भाग्य का तू है विधाता!

अपार शक्तियों का स्वामी है तू,

तेरी शक्ति है बड़ी महान!

अपने को तू ले अब पहचान! हे इंसान!

कौन है तू!

सब कुछ जानकर भी क्यों?

मौन है तू!

स्त्री की अभिलाषा

पुष्प की अभिलाषा पढ़ते - पढ़ते सोचा -
क्यों नहीं कभी किसी ने स्त्री से पूछा -
तेरी अभिलाषा क्या है?

अपना भातृ धर्म निभाने,
अग्रज का श्रेष्ठ अनुज कहलाने!
चल दिए लक्ष्मण वन की डगर,
अभागिन ने की ना कोई अगर - मगर।
क्यों नहीं लक्ष्मण ने नववधू उर्मिला से पूछा -
तेरी अभिलाषा क्या है?

सीता ने दे दी अग्नि परीक्षा,
मिली तभी उसे भी विश्वास की भिक्षा।
लोक के आक्षेपों से बच नहीं पाई,
मिली इक दिन उसे भी प्रभु से बिदाई।
गर्भवती पत्नी को त्यागने से पूर्व भगवान ने भी नहीं
पूछा -
तेरी अभिलाषा क्या है?

पत्नी को संपत्ति समझने वाले धर्मराज,
हार चुके थे द्यूत में सब राज काज!

बड़ी सरलता से लगा दिया पत्नी का दाव,
जो थी उनके जीवन की शीतल मधुर छाँव।
द्रौपदी के स्वाभिमान को कुचलने से पहले उन्होंने भी
कब पूछा -
तेरी अभिलाषा क्या है?

बेटी तो पराया धन होती है,
बचपन से माँ मन में बीज यही बोती है।
उसका ख्वाब कुछ और होता है,
भाग्य जागने से पहले ही यहाँ से सोता है।
काश! दहेज की आग में जली लाडली से पूछा होता -
तेरी अभिलाषा क्या है?

आप सोचेंगे, मैं ये क्या कह रही हूँ?
अब तक कौन से जमाने में जी रही हूँ!
हाँ हाँ! शायद जमाना बदल गया है,
बहुत कुछ लगता नया नया है।
पर, आज भी बेहया बलात्कारी कहाँ पूछता है -
तेरी अभिलाषा क्या है?

शायद स्त्री के लिए जमाना कभी बदलता नहीं है,
घुँघरू प्रेम का पैरों में उसके खनकता नहीं है।
भोग का सामान बनाकर बोली लगाई जाती है,
कुलवधू बनने वाली, नगर वधू की तरह सजाई जाती है।

सिसकती भ्रमित होती सोचती है वो, शायद कोई तो
पूछेगा -

तेरी अभिलाषा क्या है?

बड़ी कठिन डगर है स्त्री के लिए यहाँ,
अस्तित्व की लड़ाई लड़ रही है जहाँ तहाँ!
पुरुष प्रधान समाज में जगह अभी बनानी है,
दृढ़ निश्चयी बालाओं ने मन में ठानी है।
सिर झुकाकर इक दिन जमाना पूछेगा जरूर;
बता! तेरी अभिलाषा क्या है?

परिंदा

परिंदा परिंदा परिंदा हूँ मैं
    जिंदगी का,
परिंदा परिंदा परिंदा हूँ मैं
    बंदगी का!

मेरी उड़ान देख आसमाँ शरमा गया,
  मेरी उड़ान देख सागर भी घबरा गया।
बाशिंदा हूँ मैं जिंदगी का!
  परिंदा हूँ मैं जिंदगी का।

हसरतें मेरी गुलामी की,
   रखना नहीं जहन में।
आज़ादी है मेरी फितरत,
   हर इक जनम में!
बाशिंदा हूँ मैं जिंदगी का!
  परिंदा हूँ मैं जिंदगी का।

खुदा की नियामत ये मेरी उड़ान है,
भूलूँ मैं ये कैसे, ये तो उसका ही फरमान है।
तुम भी मत भूलना कभी!
बाशिंदा हूँ मैं जिंदगी का!
परिंदा हूँ मैं जिंदगी का।

गुलामी

चारों ओर! चारों ओर! सन्नाटा है चारों ओर!
टूट रही है, छूट रही है।
आज़ादी की रेशमी डोर।

काले बादल घिर घिर आए,
दिखते हैं मुझे अंजाने साए।
डोलूँ मैं इस ओर से उस ओर!
चारों ओर! चारों ओर! सन्नाटा है चारों ओर!

तंग कोठारी के बंद दरवाजे,
ये कैसी हैं अजीब आवाज़े।
चल नहीं रहा अब मेरा ज़ोर।
चारों ओर! चारों ओर! सन्नाटा है चारों ओर!

ओझल हो रहा अब तो मेरा साया भी,
दिख नहीं रहा कोई अपना पराया भी।
शायद अब ना होगी कभी भी भोर।
चारों ओर! चारों ओर! सन्नाटा है चारों ओर!

आँखें खुली, रोशनी आई,
इक सपने से थी मैं तो घबराई।
देखो देखो हो गई भोर!
      चारों ओर! चारों ओर! उजियाला है चारों
      ओर!

नहीं देंगे हम तो टूटने,
आज़ादी की अनमोल डोर।
      चारों ओर! चारों ओर! उजियाला है चारों
      ओर!

आज की नारी

नर - नरायण की कहानी है अधूरी,
नारी ही करती है उसे पूरी।

हे मानव! तुम क्यों ऐसा सोचो,
क्यों नारी को कमतर तोलो।
नर - नरायण की कहानी है अधूरी,
नारी ही करती है उसे पूरी।

कल की नारी और आज की नारी में अंतर है,
इस युग में नर - नारी दोनों समांतर हैं।
नर - नरायण की कहानी है अधूरी,
नारी ही करती है उसे पूरी।

क्या नहीं कर दिखलाया इसने,
किस क्षेत्र को छोड़ा इसने।
नर - नरायण की कहानी है अधूरी,
नारी ही करती है उसे पूरी।

घर की सीमित दीवारों से दूर।
कर रही है मेहनत भरपूर।
नर - नरायण की कहानी है अधूरी,
नारी ही करती है उसे पूरी।

तुम न इसे कम समझना,
ये होगी तुम्हारी भूल।
नर - नरायण की कहानी है अधूरी,
नारी ही करती है उसे पूरी।

आज की नारी कहती है,'मैं नहीं सिर्फ भोग्य'
आज की नारी कहती है 'हूँ हर काम के मैं योग्य'।
नर - नरायण की कहानी है अधूरी,
नारी ही करती है उसे पूरी।

आज की नारी की महिमा है न्यारी,
जल्द ही बनती जा रही है सबकी प्यारी।
मुझे तो इस बात का गर्व है,
मुझमें ही संसार का सर्व है।
मैं ही हूँ आज की नारी,
आगे बहुत करनी है तैयारी।
नर - नरायण की कहानी है अधूरी,
नारी ही करती है उसे पूरी।

भारत और इंडिया

क्या भारत और इंडिया एक है?
यह पूछने में मेरे इरादे बड़े नेक हैं।
क्या भारत और इंडिया एक हैं?

हरे - भरे खेतों में फैला भारत,
अपनी तस्वीर खिंचवाता है,
कारखानों और फैक्ट्रियों से घिरा इंडिया
भाग्य पर अपने इठलाता है।
क्या भारत और इंडिया एक है?
यह पूछने में मेरे इरादे बड़े नेक हैं।

भारत में आज भी, कच्ची
खपरैल और झोपड़ियों के दर्शन होते हैं,
पर इंडिया के सामने भारत के
ये मकान अभी कुछ -कुछ छोटे हैं।
क्या भारत और इंडिया एक है?
यह पूछने में मेरे इरादे बड़े नेक हैं।

भारत का बच्चा शायद,
अपनी रोटी कमाने को मजबूर है,
वही इंडिया के बच्चे को तो,
पीजा और बर्गर का गरूर है।
क्या भारत और इंडिया एक है?
यह पूछने में मेरे इरादे बड़े नेक हैं।

मेरे भारत की स्त्री आज भी
कोसों दूर से पानी भार लाती है
पर, इंडिया की संभ्रांत महिला,
तो मिनरल वाटर पीकर इतराती है।
क्या भारत और इंडिया एक है?
यह पूछने में मेरे इरादे बड़े नेक हैं।

मेरे भारत की भूखी नंगी तस्वीर
विदेशों में धड़ल्ले से बिकती है,
पर इंडिया की तो विकसित
देशों में होने लगी गिनती है।
क्या भारत और इंडिया एक है?
यह पूछने में मेरे इरादे बड़े नेक हैं।

सोचना ये है क्या भारत!
और इंडिया बहुत दूर -दूर बसते हैं।
नहीं -नहीं ये दोनों तो

एक साथ खेलते - हँसते हैं।
क्या भारत और इंडिया एक है?
यह पूछने में मेरे इरादे बड़े नेक हैं।

ये दोनों एक ही माँ की संताने हैं,
फिर भी दोनों के अलग -अलग फसाने हैं।
किसने माँ के इक दिल के
दो टुकड़े कर दिए?
क्यों भारत को इंडिया से
जुदा गम के किस्से दिए!

मेरा भारत महान
कहने वालों से मैं पूछती हूँ प्रश्न!
क्या वाकई महान भारत में जीते हैं वो?
या सिर्फ 'महान भारत' का सपना दिखाते हैं वो?
पहले इंडिया को भारत से मिलाओ!
फिर गर्व से 'मेरा भारत महान' कहकर सर उठाओ!
क्या भारत और इंडिया एक है?
यह पूछने में मेरे इरादे बड़े नेक हैं।

प्रेम

ढाई अक्षर के इस लब्ज में
छिपे हुए हैं कई राज,
दो दिलों की धड़कनों के
मिलने से बजता है साज।
प्रेम के दीवानों का
इतिहास है बहुत पुराना,
कुछ की तो दास्तान ऐसी है
जिसे समझ न सका बेदर्द जमाना।
प्रेम की राह पर कई
हुए ऐसे दीवाने,
हँसते - हँसते मिट गए
शमा के लिए परवाने।
प्रेम की राह पर चलना
इतना आसान नहीं है,
कमजर्फ लोगों के लिए
बना यह काम नहीं है।
प्रेम ही कई बार बनता है
कई मुश्किलों का सबब,

मुकम्मल वही बंदा होता है
जो होता है इससे तलब।
प्रेम को इश्क भी कहते हैं मेरे प्यारों
इश्क में पड़ने से पहले कोई सोचता नहीं यारों।

सोच

'सोच' शब्द सिर्फ शब्द नहीं,

यह तो 'सोच' है।

यह तो बहुत बड़ा - गहरा

या फिर बहुत छोटा -उथला शब्द है।

तभी तो वह उससे कहता है -

कितनी महान सोच है!

कितनी तुच्छ सोच है!

'मैं' सोचती हूँ यह सोच ही

तो आदमी को इंसान

और इंसान को आदमी बनाती है।

'मैं' सोचती हूँ यह सोच ही

तो, अपने को पराया

और पराये को अपना बनाती है।

'मैं' फिर सोचती हूँ यह सोच ही

तो मुझे उससे और

उसे मुझसे मिलाती है।

'मैं' सोचती हूँ यह सोच ही

तो संसार में बदलाब,

और बदलाब की सृष्टि बनाती है।

'मैं' सोचती हूँ यह सोच तो

बदली है, पर क्या मैं बदली हूँ!

या दिखावे के दंभ में कहती हूँ
'मैं' बदली हूँ।
अभी बहुत कुछ सोचना बाकि है
इस बदलती सोच के बारे में
कहना सिर्फ काफी नहीं –
मेरी सोच बदली है।
बदलना होगा खुद को भी, सोच के दायरे से।

कबाड़ीवाला

खाली डिब्बा, बोतल, पेपर
चिल्लाता हुआ वह आता है।
फालतू चीजों के बदले
कुछ रूपये थमा जाता है।
उन रुपयों का शायद कुछ
ज्यादा, नहीं है मोल।
इस धंधे में क्योंकि ज्यादा
होता नहीं है भाव - तोल।
पर, वह है समाज का,
एक बहुत अहम किरदार।
घर के कबाड़ को ले जाकर,
वह करता हम पर उपकार।
क्यों नहीं! हम सभी
कबाड़ी वाले बन जाते।
क्यों नहीं! हम समाज से
कबाड़ को मिलकर हटाते।
समाज में चारों ओर
बहुत कबाड़ फैला पड़ा है।
उस कबाड़ से ही
सारा सिस्टम जैसे सड़ा है।
समाज के उस कबाड़ की

तो रिसाइकलिंग नहीं होगी।
घूम रहे हैं चारों ओर
बड़े -बड़े चालाक ढोंगी।
ऐसे कबाड़ को तो नष्ट
करने में ही छिपी भलाई है।
पाप, अनाचार को मिटाने
में नहीं कोई बुराई है।
सलाम करती हूँ मैं
हर कबाड़ी वाले को,
स्वच्छता का सन्देश वाहक
बने हर मतवाले को।

आशा

'आशा' शब्द का अर्थ बहुत ही गहरा है,
इसी के सिर पर बंधा जिंदगी का सेहरा है।

हर दिन का उजाला इक नई आशा लेकर आता है,
आशा के भरोसे ही चित्त गीत रोज नया गाता है।
'आशा' शब्द का अर्थ बहुत ही गहरा है,
इसी के सिर पर बंधा जिंदगी का सेहरा है।

आशा ही नई चुनौती से लड़ने का साहस देती है,
उर के सारे संशयों को भी यह तो हर लेती है।
यह सच है -

हर ख़्वाहिश जिंदगी की पूरी हो नहीं सकती,
पर, जिंदगी धीरे -धीरे चलती नहीं सिसकती।
'आशा' शब्द का अर्थ बहुत ही गहरा है,
इसी के सिर पर बंधा जिंदगी का सेहरा है।

आशा ही तो इंसान के हौंसलों को करती है बुलंद,
आशा में जी कर ही पाता है वह भरपूर आनन्द।
'आशा' शब्द का अर्थ बहुत ही गहरा है,
इसी के सिर पर बंधा जिंदगी का सेहरा है।

आशा में ही निहित है जीवन का सर्वस्व,
इसी ने तो बढ़ाया है मनुष्य जीवन का वर्चस्व।
'आशा' शब्द का अर्थ बहुत ही गहरा है,
इसी के सिर पर बंधा जिंदगी का सेहरा है।

आशा को बनाए रखना! अपने अस्तित्व का प्रतिबिम्ब,
इसी से नष्ट होगा निराशाओं का घोर तिमिर।
'आशा' शब्द का अर्थ बहुत ही गहरा है,
इसी के सिर पर बंधा जिंदगी का सेहरा है।

विनाश लीला

विनाश की ये लीला किसने रची है?
क्यों माथे पर प्रभु के ये सिलवटें खींची हैं?

कहीं फटते बादल।
बरसते कहीं शोले।
सैलाब रक्त का कहीं
कहीं धधकते गोले।

सुन्दर धरा की सरंचना को नजर किसकी लगी है?
विनाश की ये लीला किसने रची है?

भूख से मरते कहीं बच्चे,
इंसान रहे न अब यहाँ सच्चे।
बैठे कहीं आबरू के लुटेरे
छाए चारों ओर फिर घने अँधेरे।

पृथ्वी तो अब ये हाहाकार से घिरी है।
विनाश की ये लीला किसने रची है?

जमघट कहीं कालाबाजारियों का
अपमान हो रहा रोज नारियों का।
भ्रष्टाचारियों के हौंसले बुलंद है।
ईमानदारों की चाल जरा मंद है।
इंसान के हाथों इंसानियत गिरी है।

विनाश की ये लीला किसने रची है?
क्यों माथे पर प्रभु के ये सिलवटें खींची हैं?

हलचल

ये कैसी मची है जीवन में हलचल,
है जबकि चारों ओर चहल - पहल!
फिर भी -
क्यों अकेला है मन आज कल।

बढ़ रही है हलचल ये किस ओर?
अंदर और बाहर है इतना शोर!
कुछ सुनाई नहीं देता अब इस पल।
है जबकि चारों ओर चहल - पहल!
फिर भी -
क्यों अकेला है मन आज कल।

अंदर की हलचल बाहरी हलचल पर हो रही है हावी,
पड़ ना जाए कहीं संकट में, जीवन मेरा भावी।
फिर भी सोच नहीं रहा मैं कुछ आज कल।
है जबकि चारों ओर चहल - पहल!
फिर भी -
क्यों अकेला है मन आज कल।

दोनों में लगी है बस जीतने की होड़,
थमेगी ये लड़ाई ना जाने किस मोड़।
पर मैं तो हार ही रहा हूँ हर इक पल।
है जबकि चारों ओर चहल - पहल!
फिर भी -
क्यों अकेला है मन आज कल।

दोनों के इस द्वंद्व में, मेरी तो होनी है हार,
झेल रहा है कोमल मन, कब से इतने बेरहम वार।
मन तो है -
मर जाऊँ आज अभी इसी पल!
है जबकि चारों ओर चहल - पहल!
फिर भी -
क्यों अकेला है मन आज कल।
ये कैसी मची है जीवन में हलचल?

प्रीत

मिला था राधा को जैसे कृष्ण जिसका मनमीत है,
आज भी मिलती है क्या? वो सच्ची पवित्र प्रीत है!

उस प्रीत में सखि! अलग ही होती है कुछ भावना,
प्रिय की प्रिया बनूँ मैं, होती है यही बस चाहना!
होती नहीं इसमें बात हार की, या किसी की जीत है!
आज भी मिलती है क्या? वो सच्ची पवित्र प्रीत है!

पिया की इक झलक पाने को मन होता है बस बावरा,
कुछ और दिखे नहीं, बस दिखे मोहे मोरा साँवरा!
जी में जो करे हलचल, वो ही मधुर संगीत है!
आज भी मिलती है क्या? वो सच्ची पवित्र प्रीत है!

प्रेम कोई अगन नहीं, प्रेम तो है सच्ची लगन,
काया का कोई मोल नहीं, जुड़ जाता है केवल मन!
सच्चा प्रेम ना समझे दुनिया यही पुरानी रीत है!
आज भी मिलती है क्या? वो सच्ची पवित्र प्रीत है!

सच्चे प्रेम में ही तो जुड़ जाता है जन्मों का नाता,
कुछ ना सूझे फिर जिया को, वो प्रेम के ही गीत गाता!
सब कुछ झूठ लगता उसे, प्रेम ही उसका अमर गीत है!
आज भी मिलती है क्या? वो सच्ची पवित्र प्रीत है!

राजरानी ना बनूँ मैं, बनूँ तुम्हारी हर जनम में दासी,
अधिकार ना माँगूँ मैं कोई, कृपा करो स्वामी जरा - सी!
और कोई नहीं मेरा बस माना तुम्हें ही मन मीत है!
आज भी मिलती है क्या? वो सच्ची पवित्र प्रीत है!
मिला था राधा को जैसे कृष्ण जिसका मनमीत है,
आज भी मिलती है क्या? वो सच्ची पवित्र प्रीत है!

पंछी हूँ मैं

पंछी हूँ मैं,
   आकाश से ही मेरी तो सच्ची प्रीत है,
   उड़ना और बस उड़ना ही मेरे जीवन की रीत है।
      पंछी हूँ मैं,
      आकाश से ही मेरी तो सच्ची प्रीत है।

ख्वाहिशें यारों नहीं हैं मेरी ऊँची,
कभी कभी हो जाती है उड़ान मेरी भी नीची।
बस, कोशिश करते रहना ही मेरे लिए जीत है।
      पंछी हूँ मैं,
      आकाश से ही मेरी तो सच्ची प्रीत है।

मेरी उड़ान में भी आते हैं विघ्न कई सारे,
काली बदली फूटे कभी, कभी हवा मुझे मारे।
देता है हिम्मत मुझे, मेरा जो वो मीत है।
      पंछी हूँ मैं,
      आकाश से ही मेरी तो सच्ची प्रीत है।

हम परिंदों की दुनिया भी, नहीं है कम मुश्किलों भरी,
सहमें हुए कभी हैं दिन, कभी रातें डरी - डरी।

छोड़ा नहीं कभी मैंने उम्मीदों का जो गीत है।
पंछी हूँ मैं,
आकाश से ही मेरी तो सच्ची प्रीत है।

जिंदगी को मैं खुदा की नियामत मानता हूँ,
साथ छोड़ेगा नहीं कभी, ये भी मैं जानता हूँ।
उसकी ही तान की बदौलत, जीवन मेरा मधुर संगीत है।
पंछी हूँ मैं,
आकाश से ही मेरी तो सच्ची प्रीत है।
उड़ना और बस उड़ना ही मेरे जीवन की रीत है।

पिया के बिना

उदास हो गया है जीवन, पिया के बिना।
उपहास हो गया है जीवन, पिया के बिना।

जागती हुई रातें, खोए -खोए से हैं दिन,
थक जाता है दिल, इन बिखरे पलों को गिन गिन!
चाँद की चाँदनी भी फीकी है पिया के बिना!
उदास हो गया है जीवन, पिया के बिना।
उपहास हो गया है जीवन, पिया के बिना।

निरंतर बह रही दृगों से अश्रुओं की धारा,
टूटे हुए दिल का ना है अब कोई सहारा!
खाली खाली सी हूँ मैं तो पिया के बिना!
उदास हो गया है जीवन, पिया के बिना।
उपहास हो गया है जीवन, पिया के बिना।

कैसी आ गई है, कठिन परीक्षा की ये घड़ी,
टूट चुकी है जबकि संग की नाज़ुक सी कड़ी!
जीवन की अधूरी है परीक्षा भी, पिया के बिना!
उदास हो गया है जीवन, पिया के बिना।
उपहास हो गया है जीवन, पिया के बिना।

सफ़र जिंदगी का अभी बाकी है, कैसे करूँगी इसे पूरा,
सुंदर सपना हमारा प्रियतम! क्यों रह ही गया अधूरा!
कहाँ तक अकेली मैं चल सकूँगी, पिया के बिना!
उदास हो गया है जीवन, पिया के बिना।
उपहास हो गया है जीवन, पिया के बिना।

कन्या का सत्कार

एक तरफ तो होता है कन्या का यहाँ सत्कार,
दूसरी तरफ करते हो उसी का तुम बलात्कार।
ये दोगुला चरित्र क्यों इंसान ने अपनाया है?
क्यों हर पल कन्या को डराया धमकाया है?
क्यों बार बार इंसान ही बन जाता है हैवान?
एक तरफ तो होता है कन्या का यहाँ सत्कार,
दूसरी तरफ करते हो उसी का तुम बलात्कार।

नन्ही कलियों को खिलने से पहले ही कुचल दिया जाता है,
जीते जी ही कलुषित कर उन्हें, गरल भी दिया जाता है,
कब तक यूँ ही तमाशा देखेगा, ये संसार?
एक तरफ तो होता है कन्या का यहाँ सत्कार,
दूसरी तरफ करते हो उसी का तुम बलात्कार।

मंदिर की देवी को तो प्रसन्न करना हर कोई चाहता है,
पर, देवी रूप कन्याओं को सरे आम कुचला जाता है।
क्यों हो रहा है समाज में पाप ये बार बार!
एक तरफ तो होता है कन्या का यहाँ सत्कार,
दूसरी तरफ करते हो उसी का तुम बलात्कार।

माताएँ कल कन्या को जन्म देने से डरेंगी यहाँ,
और ना जाने कितनी कन्याएँ इसी तरह मरेंगी यहाँ!
चालबाजों और भेड़ियों की यहाँ तो भरमार!
एक तरफ तो होता है कन्या का यहाँ सत्कार,
दूसरी तरफ करते हो उसी का तुम बलात्कार।

निर्भया को यह नाम देना ही काफी नहीं होगा,
हर लड़की को निर्भया बन आज फिर लड़ना होगा।
तभी पा सकती है वह फिर पूर्ण सुरक्षा का अधिकार।
एक तरफ तो होता है कन्या का यहाँ सत्कार,
दूसरी तरफ करते हो उसी का तुम बलात्कार।

यादें

यादें हमेशा आती हैं,
कभी हँसाती कभी रुलाती हैं।
यादें होती इक सहारा हैं,
जीवन का सुखद किनारा हैं।
मेरा कहना है -
अच्छी यादों को भी भूलो,
बुरी यादों को भी भूलो!
क्योंकि -
यादें शायद वर्तमान में जीने नहीं देतीं!
जीवन के रास्तों पर आगे बढ़ने नहीं देतीं।
भूलना ईश्वर का दिया इक वरदान है;
भूलकर ही इंसान बनता महान है।
अच्छे दिनों को याद करके आज के दुख में,
ज्यादा दुखी है मानव!
बुरे दिनों की यादें कभी कभी
उसे बना देती हैं दानव!

इसमें कोई शक नहीं कि यादें
मानव जीवन का हैं इक हिस्सा;
इन्हीं में तो छुपा है उसके
जीवन का अहम किस्सा।
पर -
यादों को कभी वर्तमान पर हावी होने ना दो!
जीवन का एक मंत्र अपना लो - **जाने भी दो!**

आत्मजा

'बेटी' का पर्याय है आत्मजा,
पिता की पहचान है आत्मजा।

आत्मजा का अर्थ है अपने से उत्पन्न।
फिर क्यों होता है उससे व्यवहार भिन्न।

कब से आत्मजा का अर्थ बदला जाता रहा है।
जन्मने से पहले उसे कुचला जाता रहा है।

आत्मजा के जन्म पर क्यों हम शोक मनाते हैं।
क्यों नहीं जन्म पर उसके भी बधाई गीत हम गाते हैं।

क्यों उसके जन्म लेते ही चिंताएँ घेर लेती हैं।
क्यों नहीं वे हमें सुख से सोने देती हैं।

बड़े जोश से हम कहते हैं -अब जमाना बदल गया है।
पर बेटियों के लिए तो अब भी अंधेरा यहाँ घना है।

कुछ बेटियाँ अपने बल पर उजाले की खोज में निकली हैं।
पापी गिद्धों की नजर अब भी उन पर ही टिकी है।

क्यों नहीं हम अपना नजरिया बदलते?
क्यों नहीं हम अपनी सोच बदलते?

नन्ही आत्मजाओं को खुली हवा में उड़ने दो!
अपने सपनों के बीज उन्हें भी बोने दो!

'बेटी' का पर्याय है आत्मजा,
समाज की पहचान है आत्मजा।

अस्तित्व

मैं वो याद नहीं, जिसे भुला देते हो तुम!
मैं वो आग नहीं, जिसे जला देते हो तुम!

मैं वो पानी भी नहीं, जिसका रूप बदल देते हो तुम!
मिट्टी भी नहीं मैं, जिसकी मूरत बन देते हो तुम!

फूल भी ना समझना मुझे, जिससे घर सजा लेते हो तुम!
मैं कोई चीज भी नहीं, जिसका मोल लगा देते हो तुम!

ना ही मैं कोई बिछौना हूँ, जहाँ चाहे बिछा देते हो तुम!
जुए की बाजी समझकर मेरा, दाव भी लगा देते हो तुम!
न हूँ मैं पैरों की रज, जिसे रौंदते आए हो तुम!
आखिर मैं हूँ क्या?
मेरा अस्तित्व क्या है?
मैं कुछ हूँ भी या नहीं हूँ?
हूँ भी तो क्यों हूँ?
नहीं हूँ तो क्यों नहीं हूँ?
और अगर हूँ तो क्या हूँ?

ये प्रश्न बड़ा जटिल है मेरे लिए!
पर उत्तर पाना भी जरूरी है मेरे लिए!

सदियों से अपने अस्तित्व की लड़ाई लड़ रही हूँ मैं,
दिखता नहीं किसी को, अँधेरों में सड़ रही हूँ मैं।

वन की डगर पिया संग चली,
अग्नि परीक्षा ना मेरी टली।
उतारी गई इज्जत भरी सभा में,
वहाँ भी मेरी एक ना चली।

प्रेम के अपराध की मिली ऐसी सजा,
विष का प्याला भी मैंने ही तो पिया।
सतीत्व की रक्षा हेतु मैंने ही तो,
हँसते-हँसते यहाँ जौहर भी किया।

कितनी और देनी होंगी मुझे परीक्षाएँ,
या मिलती रहेंगी मुझे ही सजाएँ।
कबूल होंगी कब मेरी भी दुआएँ,
उतारी जाएँगी कब मेरी भी बालाएँ।

सब्र के बाँध ये मेरे,
अब टूटने को मजबूर हैं।
बनाया जब दोनों को एक ही ने,
तुम्हें किस बात का गुरूर है?

मेरे वर्चस्व से ही तुम्हारा,
रहेगा यहाँ अस्तित्व कायम।

<u>सोच</u>

तुम सब कुछ, मैं कुछ भी नहीं;
ये सिर्फ तुम्हारा है एक भ्रम।

मेरे स्वरूप को अपनाने से,
सदा से कतराते आए हो तुम!
संभल जाओ अब भी कहीं
हाथ मलते ना रह जाओ तुम!

जानते हो तुम मैं क्या हूँ?
पर, शायद मानना नहीं चाहते।
जानते हो तुम, मैं क्यों हूँ?
पर, सच का सामना नहीं चाहते।

मैं तो समझ चुकी हूँ अब,
मेरे अस्तित्व को समझना होगा तुम्हें!
मेरी तबाही का मंजर देखोगे कब तक?
फैसला करना है तुम्हें!

बस करो! बस करो!
ज़ुल्मों की दास्ताँ से अब बस करो!
मेरी आँखें तो सदा नम हैं,
तुम भी कुछ आँखों में अपनी पानी भरो!

कहीं पछता तो नहीं रहा,
भगवान भी तुम्हें बनाकर!
साबित कर दो - नहीं की उसने गलती
तुम्हें बनाकर!

मैं मिटी तो तुम भी यहीं
मिट जाओगे मेरे ही संग!
क्यों ना भर दें आओ,
सृष्टि में जीवन के नए नए रंग!

हम दोनों के सह-अस्तित्व से ही,
सृष्टि का चलन होता है।
हम दोनों के सह अस्तित्व से ही,
सृष्टि का सृजन होता है।

तुम मेरे साथ हो!

तन्हा जीवन के इन पलों में,
खाली पड़े, इन बड़े घरों में।
दीवारें जहाँ करती बातें आपस में,
कहे किससे जो है मानस में;
कोई जब नहीं सुनता, बस तुम मेरे साथ हो!

बेज़ुबान हो गई है जो ज़िंदगानी
भूली है सूरतें जानी - पहचानी।
रहती हैं ये आँखें सिर्फ पानी पानी।
बीत रही है जिंदगी बेतुके इंतज़ार में,
उदासी है जबकि मौसम की बाहर में।
कोई जब नहीं आता, बस तुम मेरे
साथ हो!

सोए हुए अरमानों को जगाना नहीं चाहती,
नए सपनों के मोती फिर पिरोना नहीं चाहती।
धड़कन कभी तेज़ कभी पड़ती है धीमी,
हर रात मेरी कटती है कुछ सहमी सहमी।
नींद जब हो जाती है नयनों से ओझल, बस तुम मेरे
साथ हो।

कुछ नहीं चाहिए मुझे इस जहाँ से,
चले गए जो छोड़कर, लाऊँ उन्हें कहाँ से?
चलना सीख रही हूँ अकेले अकेले।
देख भी रही हूँ दुनिया के गज़ब ये मेले।
मिलती रहेगी हिम्मत प्रभु! जब तक तुम मेरे साथ हो!
कभी ना भूलने देना मुझे ये बात कि तुम सदा मेरे
साथ हो!!

प्रेम

प्रेम नहीं है मिलन
प्रेम है समर्पण।

प्रेम नहीं है वासना,
प्रेम है पवित्र भावना।

प्रेम में पाना नहीं,
प्रेम में जीना होता है।

वही प्रेम है जो मीरा ने कृष्ण से किया,
वही प्रेम है जो धरा ने नभ से किया।

प्रेम वही है जो फूल ने भौंरे से किया,
प्रेम वही है जो शमा ने परवाने से किया।

किसी ने किसी से क्या लिया दिया?

बस जी लिए इक दूसरे के प्रेम में,
बस लुट गए इक दूसरे के प्रेम में!

यही तो प्रेम है!!

दुख

आता जाता रहता दुख,
कभी मुझे रुलाता
कभी मुझे हँसाता!
आता जाता रहता दुख!

तुमने क्या सोचा
तुम्हें देख कर मैं घबराई?
अन्तर्मन की आँखों से
मैंने तुम्हें पहचाना है,
तुमसे तो हर इंसान का पुराना नाता है।
आता जाता रहता दुख!

तुम्ही तो सच्चे साथी मेरे
जीवन में आए कितने अँधेरे,
पर, तुमने कभी साथ ना छोड़ा
अपनों ने भी नाता तोड़ा,
तुम्हें ही मैंने अपना माना
झूठा है ये सारा जमाना।
आता जाता रहता दुख!

<u>सोच</u>

खुशी तो इठलाती आती है,
थोड़े दिन तुम्हें भुला जाती है,
पर वो तो थोड़े दिन की ही मेहमान
तुम ही रहते सब पर मेहरबान।
तुम तो आते बिना बताए
कभी रुलाए कभी सताए!
                    आता जाता रहता दुख!

मुझे तो तुमसे बहुत प्यार है,
किए तुमने कितने ही वार हैं।
मुझे पता इक दिन तुम,
जाओगे मुझे छोड़
दोगे सारे मुझसे नाते तोड़।
पर, मैं तो तुम्हें ना भूलूँगी क्योंकि–
                    आता जाता रहता दुख!

जाओ, पर तुम खुशी को भेजना!
अपने वादे से ना मुकरना,
मैंने तुम्हारा स्वागत किया
अब खुशी बारी है,
उससे भी तो मुझे निभानी यारी है,
मुझे पता है तुम फिर आ जाओगे,
आते ही फिर बीती बातें याद दिलाओगे!

आता जाता रहता दुख,
    कभी मुझे रुलाता
        कभी मुझे हँसाता - ये दुख!

मैं मानव

मैं मानव धरती पर आया,
यहाँ जीवन मुझे बहुत भाया।

मेहनत कर मैंने इसे सँवारा,
जीने लायक इसे बनाया।

खेत और खलिहान लहराए,
बाग - बगीचे सुंदर लगाए।

चारों ओर हरियाली -हरियाली
महक रही है डाली -डाली।

कल - कारखानों को मैंने बनाया,
जीवन को अधिक सुगम बनाया।

पर, यह क्या! मैं तो स्वार्थी हो गया,
प्रकृति का मैं तो दुश्मन बन गया।

रोई प्रकृति, बहुत गिड़गिड़ाई,
पर मुझे दया नहीं आई।

बार बार उसने चेताया,
पर, मैं फिर भी कहाँ समझ पाया।

आखिर कब तक वो चुप रहती,
कब तक मेरे जुल्मों को सहती।

मुझे सबक सिखाने की उसने ठानी,
पर, मैंने उसकी एक ना मानी।

क्रोधित हो गई प्रकृति रानी,
क्षमा याचना पर भी ना मानी।

अब तो क्रोध बढ़ता चला गया,
प्रकृति का कोप चढ़ता चला गया।

हिली धरती, हिले पहाड़, समुद्रों में आए उफान,
हवाएँ चली, चली आंधियाँ, मिटने लगी मेरी शान।

आँख खुली, जब देर हो चुकी थी,
बदकिस्मती मुझे घेर चुकी थी।

बोली, अब भी जाग जा मानव!
मेरी धरती से भाग जा मानव!

मैं मानव धरती पर आया,
पड़ा धरती पर मेरा बुरा साया॥

शोर

इतना शोर है कि कुछ सुनाई देता नहीं,
इसके बारे में कोई किसी से कुछ भी तो कहता नहीं।

कर कौन रहा है? किसी को है पता नहीं,
या सभी कर रहें हैं! पर किसी की भी तो खता नहीं।

कुछ सुनाई दे भी तो कोई सुनना चाहता नहीं,
अपनी अपनी कह रहे सब, किसी और का कहा भाता नहीं।

इस भयानक शोर में मेरी आवाज ना हो जाए गुम,
कोई और सुने ना सुने, आशा है सुन रहे हो इक तुम।

क्यों इतना शोर कर रहे हम? समझ कहाँ गई हमारी?
आखिर किस बात की है ये लड़ाई ये हमारी तुम्हारी?

क्या ये शोर सिर्फ बाहरी है? अंदर भी तो इक शोर है।
कहें किससे क्या? दिखता इसका ना कोई तोड़ है।

इस शोर के सन्नाटे से बहरे न हो जाएँ कहीं हम?
खोजना होगा मार्ग हमें ही, तोड़ कर मिथ्या शांति का भ्रम॥

चुनाव

चुनाव शब्द का अर्थ होता है चुनना।
चुन - चुन कर कर्मों को अपने बुनना।

बचपन से बुढ़ापे तक हम चुनते ही तो रहते हैं।
'जो चुना था नहीं मिला' कभी - कभी यह भी तो कहते हैं।

अनेक विकल्पों में से कुछ तो चुनना होता ही है।
गलत चुनाव हो जाने पर इंसान फिर रोता ही है॥

चुनाव एक क्रिया भर नहीं, यह एक चुनौती है।
सही वही चुन सकता है, विवेक बुद्धि जिसमें होती है॥

पग पग पर हमें चुनाव करना ही पड़ता है।
उदासीन होकर जिएँ अगर तो हमारी ही यह जड़ता है॥

आज के इस दौर में चुनाव करना कठिन हो रहा है।
वजह एक ही है –'ज़मीर' हमारा नींद गहरी सो रहा है॥

जिंदगी बड़ी रहम दिल है, चुनने के कई अवसर देती है।
'सही ही चुनो तुम' इशारों इशारों में यह भी कहती है॥

चुनाव करना सीख लिया गर हमने, जीवन सरल होता जाएगा।
'भाग्य में नहीं था ये मेरे' वाक्य तब यह कोई भी ना दोहराएगा॥

क्योंकि----
   चुनाव शब्द का अर्थ होता है चुनना।
   चुन - चुन कर कर्मों को अपने बुनना।

दृश्य

यहाँ दृश्य, वहाँ दृश्य।
चहुँ ओर हमारे दृश्य ही दृश्य॥

सूर्योदय का दृश्य, सूर्यास्त का दृश्य।
पड़ोस का दृश्य, बगीचे का दृश्य॥

सड़क का दृश्य, बस स्टैंड का दृश्य।
प्लेटफॉर्म का दृश्य, भीड़ का दृश्य॥

कार्यस्थल का दृश्य, बाज़ार का दृश्य।
जहाँ नजर घुमाओ बस दृश्य ही दृश्य॥

कुछ दृश्य हमें पसंद आते हैं।
कुछ दृश्यों की हम बस उपेक्षा किए जाते हैं॥

जरूरी नहीं कि हर दृश्य हमें भाए।
पर, इनसे दूर जाएँ भी तो कहाँ जाएँ॥

कुछ दृश्यों को हम बार - बार देखना चाहते हैं।
स्वप्न में भी देख लेते हैं कुछ, जब तक नहीं जागते हैं॥

और कुछ दृश्य तो जीवन पर गहरा असर डाल जाते हैं।
नहीं भूल पाती आँखें उन्हें, बीत कई कई साल जाते हैं॥

कुछ ऐसे भी दृश्य होते हैं जीवन में घटित।
छोड़ जाते हैं सदा के लिए अपनी छाप अमिट॥

दृश्य सुखद हो या दुखद उनका सामना हम कर ही लेते हैं।
एक के बाद एक खट्टे मीठे अनुभव हमें वे देते हैं॥

कुछ में लगता तो कुछ से भागता फिरता हमारा मन है।
अनेक दृश्यों का सम्मिलित रूप ही शायद मनुष्य जीवन है॥

भिन्न भिन्न दृश्यों से प्रभावित होते रहेंगे हम तब तक।
दृश्य के प्रति दृष्टिकोण नहीं बदलेंगे हम जब तक॥

जिस दिन सही दृष्टिकोण के पहलू को समझ जाएँगे।
उस दिन से हर दृश्य के मायने ही बदल जाएँगे॥

सूखा पेड़

मैं अब सूख चुका हूँ।
अब तना हुआ-सा हूँ नहीं कुछ झुका हूँ॥

घमंडी अड़ियल लोगों को दी जाती हैं मेरी उपमाएँ।
हाँ बेशक मुझमें और उनमें हैं कुछ-कुछ समानताएँ॥

कुछ पास ना होने पर भी वे तो तने ही रहते हैं।
'सूखे पेड़ जैसा है वो' तभी तो सब उन्हें कहते हैं॥

पर, मैं तो आज सूखा हूँ, प्रकृति ने मुझे सुखाया है।
मैंने अपने जीवन में हर ऋतु का आनंद भी तो पाया है॥

पुष्प पल्लवों से भरा रहता था मैं यदा - कदा।
मुझ पर नीड़ बनाने की, खगों में होड़ होती ही थी सदा॥

प्रस्तर खंड खाकर भी फल फूल सबको देता मैं रहा।
हरा - भरा होते हुए भी कुठराघात सहता ही रहा॥

आरंभ से अंत तक अपने हर रूप में संतोष मैंने पाया है।
जीवन की यात्रा में कामना-कष्ट से परे, कर्तव्य को ही
निभाया है॥

अहंकारियों की तुलना कर तो देते हो तुम मुझसे।
कितना उचित है ये करना? प्रश्न पूछना कभी खुद से॥

उनकी और मेरी प्रकृति में बहुत अंतर पाओगे तुम।
'यह उपमा गलत दी है' पढ़कर मेरा जीवन समझ जाओगे तुम॥

कब उन अभिमानियों ने स्वयं को सर्वश्रेष्ठ नहीं माना।
अपने समक्ष प्राय: उन्होंने, दूसरों को तुच्छ ही तो जाना॥

पर—
सूखे मेरे शरीर को भी तो कीड़े नोच - नोच कर खाते हैं।
ईंधन बना मेरी लकड़ी का भोजन भी तो कई नर बनाते हैं॥

सबमें समानता देखता हूँ मैं तो, मेरे लिए कोई नहीं है दीन।
मेरा व्यक्तित्व भी उन्नत रहा है, समझो ना मुझे इतना हीन॥

हाँ, मैं आज सूख चुका हूँ।
पर, हमेशा जीवन में तो अपने झुका ही झुका हूँ॥

सोई सोई जिंदगी

कितनी बार हँसी, कितनी बार रोई,
जिंदगी है क्यों ये सोई - सोई?

कहीं तो ये खेल है, कहीं दिलों का मेल है;
किसी के लिए है ये तो खोई - खोई!
जिंदगी है क्यों ये सोई - सोई?

कोई तो इस पर मरता है, कोई इससे डरता है;
किसी किसी की तो इसने नैया है डुबोई!
जिंदगी है क्यों ये सोई - सोई?

कोई करे इसका शृंगार, कोई समझे इसे बेकार;
ढूंढ लेता है इसमें सुकून कोई -कोई!
जिंदगी है क्यों ये सोई सोई?

कभी खूबसूरत ख्वाब है ये, कभी सवाल का जवाब है ये;
कभी यह मिल जाती और कभी है खोई!
जिंदगी है क्यों ये सोई - सोई?

कभी लगती है पहेली - सी, कोई कहे इसे सहेली -सी;
पर याद रखना दोस्तों!
वक्त मिलता इसमें कम, बातें हो पाती एक - दो ही!
जिंदगी है क्यों ये सोई - सोई?

कागज़

कागज़ हूँ मैं, मेरी कहानी सुनो!
किसी और की नहीं मेरी ही जबानी सुनो!

काफी लंबा है मेरा फ़साना।
जन्म है मेरा तो सदियों पुराना॥

भोज पत्र मेरे पूर्वज हुए।
मेरे परिवार में कई और भी दिग्गज हुए॥

ऋषियों ने मुनियों ने मुझे अपनाया।
गूढ़ ज्ञान को अपने मुझमे ही पनपाया॥

वेद पुराण शास्त्रों ने भी मुझे खूब आदर दिया।
अमूल्य, अप्रतिम, गहन कार्य मुझ पर ही किया॥

सदियों से ज्ञान को सँजोता आया हूँ।
आरंभ से ही विद्वत् जन को मैं खूब भाया हूँ॥

समय के साथ मेरा रूप भी बदलता गया।
मुझे भी भाने लगा अपना रूप ये नित नया-नया॥

ज्ञान कैसा भी हो खुद में उसे समा लेता हूँ।
अच्छे-बुरे, सही - गलत संदेश भी यहाँ वहाँ दे देता हूँ॥

मेरे इस सफर में स्याही ने मेरा साथ निभाया है।
उसके बिना तो 'कोरा कागज़' नाम ही मैंने पाया है॥

लिखने पढ़ने की चीज बनाकर इंसान ने मुझे कहाँ छोड़ा।
भिन्न-भिन्न आकृतियों के लिए कभी कहीं तो कभी कहीं
से तोड़ा मरोड़ा॥

वृक्ष मेरा जनक है ये तो सारे विश्व को पता है।
परंतु अब तो कृत्रिम कागज़ भी कारखानों में बनता है॥

नए नए आविष्कारों के कारण मेरे प्रयोग में काफी कमी
आई है।
पर कुछ कुछ बातों को लेकर आँखों में भी मेरी नमी तो
आई है॥

दुरुपयोग भी मेरा बहुत अधिक होने लगा है।
मुझे बनाने वालों ने ही मुझे बुरी तरह से ठगा है॥

कूड़े का तो मैं बहुत अहम हिस्सा बन गया हूँ।
खुद की ही जिंदगी का पुराना किस्सा बन गया हूँ॥

हर युग में संसार को बहुत कुछ मैंने दिया है।
बदले में उसके कभी भी तो कुछ नहीं मैंने लिया है॥

संभवत: कुछ-एक सदियों में लुप्त ही होता जाऊँगा मैं।
जाते जाते इस मश्वरा देना चाहूँगा मैं॥

मनुष्य हो तुम! नित नए आविष्कार करते रहना कर्म है
तुम्हारा।
परंतु, अपनी धरोहर को भी सँजोए रखना परम धर्म है
तुम्हारा॥

समेट लो ज्ञान निधि को, इससे पहले कि काल-गति इसे
नष्ट कर दे।
मनन करना मेरे मत पर, इससे पहले कि फिर कोई तुम्हें
पथ भ्रष्ट कर दे॥